Ponto atrás de conto

Ponto atrás de conto

de Alexandre Guidorizzi

3ª reimpressão

Thumelê
2025

© 2023, Alexandre Guidorizzi
Todos os direitos desta edição reservados à Degustadora Editora e protegidos pela Lei 9.610, de 19.2.1998. É proibida a reprodução total ou parcial sem a expressa anuência da editora.

Esta obra foi revisada segundo o Novo Acordo Ortográfico da Língua Portuguesa, em vigor no Brasil desde 2009.

Direção Editorial Melissa Velludo
Revisão Elaine Christina Mota
Capa e diagramação Alexandre Guidorizzi

Dados Internacionais de Catalogação na Publicação (CIP)
(Câmara Brasileira do Livro, SP, Brasil)

Guidorizzi, Alexandre
Ponto atras de conto / Alexandre Guidorizzi.
-- Ribeirão Preto, SP: A Degustadora de Histórias, 2023.
60 p.

ISBN 978-65-981894-0-2

1. Teatro brasileiro I. Título.

23-180391   CDD-B869.2

Índices para catálogo sistemático:
1. Teatro : Literatura brasileira B869.2

Aline Graziele Benitez - Bibliotecária - CRB-1/3129

SELO THUMELÊ
Degustadora Editora
E-mail: adegustadoradehistorias@adegustadora.com.br

Nota da Editora

É com muito prazer que A Degustadora de Histórias Editora apresenta ao grande público o selo Thumelê, iniciando suas publicações de textos teatrais com o magnífico texto de Alexandre Guidorizzi, *Ponto atrás de conto*.

Deixamos aqui nossos agradecimentos aos autores do texto *Cremesse*, Lucas Ventania e Paulo Godoy, que, gentilmente, cederam os direitos desse texto/poema para a composição da obra principal.

É importante mencionar que a obra foi revisada segundo o Novo Acordo Ortográfico da Língua Portuguesa, mas que todos os regionalismos contidos nas falas das personagens foram mantidos, por meio da ortografia, da pontuação e de outros recursos de nossa língua, por serem expressões importantes de manifestação cultural e popular desse nosso país tão diverso.

Boa leitura!

Melissa Velludo

Sobre o selo Thumelê

Thumelê, no antigo teatro grego, era uma espécie de altar de pedra, localizado no centro da Orquestra, dedicado ao deus Dionísio, que representava, entre outros elementos, os ciclos vitais, os prazeres, o vinho e o teatro. Com a criação e com o início das publicações deste selo, nossa Editora tem a intenção de dar espaço e de difundir os textos teatrais, especialmente os brasileiros, muitas vezes relegados a segundo plano dentro do cenário nacional.

Agradecemos a todos que participaram diretamente ou que incentivaram esse projeto, que começou com um Clube de Leitura de obras teatrais promovido por nós enquanto livraria e espaço cultural. Com a implantação do projeto, chegamos à conclusão de que as pessoas amam ler teatro desde que sejam introduzidas e guiadas nesse terreno tão rico e tão vivo, mesmo que não seja encenado.

Um poeta francês já nos dizia que é preciso sempre estarmos embriagados, seja de vinho, de poesia ou de virtude, para não sentirmos o horrível fardo do tempo. O selo Thumelê surge para embriagar e envolver os leitores de todos os gêneros, ficando aqui o convite para que você mergulhe e se embriague na teia teatral dionisíaca.

Prefácio

Quando lemos um romance, uma novela ou um conto, geralmente, já sabemos como o autor irá construir sua narrativa: descrições e diálogos se complementam, dando a segurança àqueles que a preferem. Se já conhecemos o estilo do autor, fica mais fácil ainda estabelecer uma ponte entre expectativa criada e realidade.

No caso de uma peça teatral em formato de livro, isso se torna mais difícil de acontecer. Nós dependemos das personagens e da relação que elas terão conosco. Assim, a cumplicidade entre leitor e autor se torna maior, permitindo um resultado mais íntimo e mais genuíno. Uma vez que, na peça teatral, aquele que narra a história cede seu lugar para as personagens, as descrições do cenário e as rubricas, nossa atenção se volta tão somente a esses elementos, e isso nos permite ter a honestidade que os sentimentos nos dão. Entretanto, a leitura da peça se assemelha à da narrativa em diversos aspectos.

Para ler uma peça como uma narrativa, primeiro, o leitor precisa se despir por completo de seus preconceitos literários e, somente então, colocar a pontinha dos pés no texto, com respeito e com cuidado, porque é assim que se entra em casas onde costureiras fazem da sala de estar seu ateliê. Assim é o texto de Alexandre Guidorizzi: uma peça – agradeço a língua portuguesa pelo trocadilho oportuno – que está sendo costurada e bordada sem pressa, com calma, apenas pelo prazer de se apreciar a intrincada beleza dos pontos formando o desenho (ou a história, como você preferir) que nos fará sorrir ou chorar.

Em *Ponto atrás de conto*, Alexandre Guidorizzi costura as ideias de maneira singular, fazendo da intertextualidade e da ironia seus principais pontos. Desde os nomes das Marias e dos Josés e de um Francisco que perde seu bem mais valioso ao salvar um passarinho até o lenço de São Pedro, Guidorizzi hipnotiza o leitor com suas agulhas de diversos tamanhos e linhas de diversas cores. Cada personagem tem uma história, porém cada história se junta a outra, formando uma colcha de retalhos escolhidos, que passa de geração em geração, das mãos dos mais velhos para os mais novos.

Sua peça nos alimenta com ternura e com sorrisos que vêm depois de lágrimas ou junto com elas. Suas personagens não são nossas amigas ou vizinhas, mas é como se reconhecêssemos seu cheiro de algum lugar. Talvez elas até tenham sido nossas vizinhas em algum momento. Quem sabe, não é verdade? A morte e a vida se entrelaçam na frente de uma tela de bordado e bailam por trás dela, fazendo com que o leitor não queira parar de ler enquanto ele olha para o lado, com um meio-sorriso de quem sabe além, de quem se recorda de um passado com cheiro de café passado na hora. Aqui, a morte dá a mão para a vida e, juntas, elas tecem aquilo que chamamos de viver.

As ironias dos nomes e das situações

nos dão a mão e nos levam pelo bordado perfeito do título. Ali, no entremeio da ironia e do diálogo que o texto de Guidorizzi estabelece com a Bíblia, com músicas e com outras histórias que cada leitor reconhecerá a seu modo, dá-se a beleza de seu texto. É nessa intertextualidade irônica que o leitor se deixa ir, contribuindo também para a confecção de uma peça única assim que lida, singularmente, por cada um de nós. A ironia sutil, que quebra nossas expectativas, não parte o ponto atrás, não o transforma em ponto apanhado e não deixa de ser arrematada pelo que a segue. A ironia utilizada por Guidorizzi em sua peça é o ponto atrás em natureza espelhada e atemporal.

Se a peça lida é aquela utilizada pelo

mundo da Literatura, com análises que resvalam nas análises de narrativas, a peça encenada é aquela que um ator consegue fazer transcender e eternizar no imaginário da plateia. Ela é filha das Artes Cênicas e de suas belezas. Em *Ponto atrás de conto*, Guidorizzi faz o que apenas um autor-ator ou um ator-autor de alta qualidade conseguiria: embora ele faça com que a peça baste em si mesma, ele nos dá deixas de como ela nos tocaria se encenada. Se dermos sorte, teremos as duas versões e veremos como cada ponto atrás transformou a tela do bordado que enxergamos.

Elaine Christina Mota
Mestre em Literatura Comparada pela UNESP - Araraquara

*À saudade das minhas marias:
 Odette, Lucy e Lenita.*

*São prantos de dor que dos olhos caem
É por que bem sei, quem eu tanto amei
não verei jamais*

- Trecho de "Meu primeiro amor",
de Hermínio Gimenez, José Fortuna
e Pinheirinho Jr.

A peça
Um ator em cena

O cenário é composto por uma mesa, uma penteadeira vazada onde ficaria o espelho, um forno e um fogão elétricos. Materiais de bordado em uma cadeira. Entre o espaço cênico e o público há um varal de arame com lençóis transparentes pendurados. De forma difusa se vê o ator em cena preparando uma massa em uma gamela. Tocam os três sinais.

ATOR

Olha esse tempo virando e as roupas no varal! *Desprendendo os panos transparentes.* Não sei quando foi que virei minha mãe, correndo como se fosse o fim do mundo molhar uma trama de algodão branco. Um algodão branco sem mancha nenhuma. Nem um amareladinho marcando o tempo. Esse lençol está na minha família há gerações. Continua conservado porque era o lençol de um dos jogos de cama que seria usado apenas pelas visitas. Isso quer dizer que ele ficou por mais de sessenta anos guardado em um baú, sendo quarado e lavado à mão de tempos em tempos, e nunca usado. Nunca usado porque visita, quando é da família, traz a própria roupa de cama "pra não dar trabalho". *Pega na ponta do lençol o monograma bordado: MJ JM.* Minha bisa: Maria José. Meu biso: José Maria. Decidiram que, quando tivessem filhos, o nome seria uma simples regra de três: se menino, José, se menina, Maria. Pra diferenciar um do outro, mudariam apenas o composto do nome. Deu à luz a primeira Maria: a Lúcia (minha avó). Quando despontou a segunda barriga, José Maria decretou: esse vai ser pro meu empate! Deu beijo na barriga chamando Zezé, e assim fez até o dia do parto: era menina. José Maria não se mostrou frustrado e, mudando as regras que eles mesmos criaram a pedido de ninguém, quis manter o seu nome na cria. Registrou naquele dia: Jose…fa. Sem composto. Minha bisa podava uma roseira quando teve tontura pela terceira vez. Duma gestação espinhosa e vermelha nasceu Maria Rosa, a Rosinha. E formaram-se assim as Marias de Zé e Maria. A verdade é que a Josefa não tinha Maria no nome, mas o povo que apelidou, vendo que as outras duas eram Marias, pela lógica, determinou que ela era Maria, também. Da infância até a mocidade, em casa, eram sempre juntas. Da porta pra fora, cada uma tinha suas vontades. A Zezé não pensava muito em namorar. Preocupada demais com a salvação da família, no tempo livre voluntariava na paróquia. Casou quase antes dos dezoito anos com um professor de cabelos compridos que se mudou pra cidade.

ZEZÉ

Ele tem os cabelos de Jesus!

ATOR

Olhou pra aquele homem e sentiu vontade de lhe dar o mundo: ouro, incenso, mirra e, acima de tudo, queria dar a si própria. No primeiro encontro, pra se garantir, levou perfume dentro da bolsa. No meio da noite, quis passar mais um pouquinho e, de estabanada que era, derrubou o vidro no chão. Graças a Deus, não quebrou. Se ajoelhou pra pegar. Envergonhada, baixou a cabeça. Seus cabelos tocaram os pés do Jesus sertanejo. Naquele momento, tal qual a mulher pecadora do evangelho, se arrependeu. Se arrependeu de todos os anos em que não teve aquele homem a seu lado. Se deram em casamento. Juntos foram felizes, multiplicaram os peixes, partiram o pão e compartilharam o vinho. Tiveram um filho só e viveram em uma santíssima trindade por dez anos, até o dia em que o marido, aquele homem espelho de Cristo, voltaria aos braços do Pai.

O pequeno Francisco foi preparado desde sempre pra ser padre, consagrado à Nossa Senhora, mãe do céu. Zezé organizava os santos na prateleira do quarto.

ZEZÉ

Organizando caixas de remédio na mesa. Uma para guiar a cabeça, outra pra proteger os passos, outro, ainda, para guardar a memória.

ATOR

Todos alinhados, formando um exército de proteção ao pequeno Francisco. Mas algum deles vacilou, não sei se o que guiava a cabeça ou o que protegia os passos. Num domingo à tarde, atravessando a rua, Francisco se soltou do braço da Zezé para pegar um passarinho machucado que estava no chão da avenida. Um charreteiro que vinha tentou parar o cavalo, o bicho não respondeu ao comando. Quando ouviu os gritos e viu que Francisco não estava mais com o braço agarrado ao seu, Zezé teve medo de olhar pra trás. Ela sabia que, assim como no mito de Orfeu, olhar pra trás significava perder alguma coisa. Deu jeito no medo e chegou até o filho a tempo dele lhe dizer: "A mãe do céu veio me buscar, mamãe. Ela me quer perto dela."

ZEZÉ

Aquilo me consolou. Me enxugou o pranto. Me doí de saber que, daquele dia pra frente, eu era mãe sem ter meu filho. Mas fiquei em paz de saber que meu filho não ia, nunca, ficar sem uma mãe.

ATOR

Como se tivesse caído de um andor, juntou seus próprios cacos de santidade e seguiu, só, sua procissão.

Canta a oração de São Francisco de Assis, depois em boca chiusa, imitando a trilha sonora. Ator pega a toalha da mesa e se senta à penteadeira. Acende a luz do espelho.

ATOR

Maria Lúcia era a mais saidinha. Aproveitava as noites de sábado para ir até o bar de Seu Idair, onde acontecia um baile com os moradores da vila e um ou outro parente que visitava. Lá, fazia charme para todos, mas, para dançar, entregava sua mão apenas a Sebastião.

LÚCIA

O flerte entre nós dois era apenas fingimento e brincadeira. O que existia era uma amizade pura, atazanada e levada, tal qual um segundo filho de família grande. *Canta e dança como se estivesse no baile, brincando com o público e dançando com um*

Sebastião invisível. Ao final da música, como se visse alguma coisa, para de cantar subitamente.

ATOR
Naquele instante se deslumbrou com um homem bonito que entrava no bar de Seu Idair. Reconheceu. Aquele homem bonito era o cunhado de sua tia, que morava na cidade.

LÚCIA
É Floriano! Sebastião, é Floriano ali na porta!

FLORIANO
Chama em voz forte. Lúcia!!! Maria Lúcia!!!

LÚCIA

É Floriano que me chama? *Ao público*. Floriano me chamou. Me chamou pra conversar. Desde criança que a gente se encontrava nas férias, eu indo pra cidade com a minha tia ou ele vindo pra cá, também com ela. Fazia mais de dois anos que a gente não encontrava. Nesse tempo eu cresci muito. Ele também. Cresceu tamanho, cresceu força, cresceu um bigode farto. Cresceu também a doçura dos olhos quando encontravam com os meus. Disse que era pra eu voltar com eles, passar uns dias na casa da minha tia, que ele queria me apresentar pras coisas que mudaram na cidade. Me contou que, agora, na rua da Matriz tinha um quarteirão só de vitrine de loja, que era a coisa mais deslumbrante. Ele ia me levar lá, e, como já trabalhava há um tempo, quem sabe até me dava um presente, o que eu gostasse! Era só apontar na vitrine e era meu. Mas eu tenho certeza que nenhuma joia ia brilhar o tanto que o sorriso dele brilhava pra mim. Cheguei em casa, arrumei a mala e já deixei do lado da mesinha na sala. Esse era um sinal, combinado sem combinar, pra minha tia. Toda vez, ela olhava a mala no chão e na hora de despedir, falava: "Vem comigo, Lúcia! Depois te trago de volta!". A Tia chegou, tomou café, riu, falou bem e mal das pretendentes que apareciam aos montes, feito chuva tentando regar Floriano. *Imitando a Tia.* "Mas ele tem que arranjar uma decente! E que, também, não seja muito boba. Não dá pra ser menina de roça qualquer". Que sorte a minha que minha tia era tão cuidadosa com Floriano. Que sorte a minha que ela me conhecia desde miúda, por dentro e por fora. Que sorte a minha que ela olhou a minha malinha no chão.

TIA

Olhando a mala. Vai aonde, Lúcia?

LÚCIA

Em choque, mas sem ter certeza se entendeu. Com a senhora… pra cidade. Vou contigo, Tia! Depois me traz de volta!

TIA

De jeito nenhum! Comigo não vai! Não levo, não trago! Fica!

ATOR

Tem vez que o amor passa e a gente, distraído, não agarra ele. Desatenção nossa. Mas quando alguém arranca o que nem deu tempo de a gente botar as mãos, a gente chama de quê?

Sem nunca esquecer Floriano, vó Lúcia se casou e conheceu vô Osvaldo. Ele tinha comércio, terras, boas intenções e até um pouco de beleza. Tinha certo amor por ela, carinho sem fim para os filhos, sempre de braços e mãos prontos a brincar e abraçar, e encher e virar um copo que ardia a goela e lhe torcia a cara. Uma dose de brincadeira. Uma dose de abraços. Uma dose do copo. A dosagem é sempre a questão. Duas doses traziam felicidade. Quatro doses, batia a tristeza.

Oito doses traziam consigo a violência, e aí quem batia era ele.

OSVALDO

Chamando em voz forte e batendo na porta. Lúcia!!! Maria Lúcia!!! Tô te ouvindo chorando, mas eu nem te acertei ainda!

ATOR

Era choro abafado. Mas ela sabia que ele não ia derrubar a porta. Daqui a pouco, ele amolecia, dormia e nunca ia encostar nela. E amanhã não lembrava de nada. E ainda assim doía, porque ela também sabia que, se aquelas batidas não fossem na madeira, seriam na carne. Nunca disse a ninguém o que acontecia, pelo menos, uma vez por semana. Mesmo aos que viram, aos que presenciaram, nunca disse nada. Também nunca deixou de sorrir, de fazer suas piadas e brincadeiras com os netos. Quando Osvaldo morreu, não se sentiu mais leve, nem mais pesada. Pra falar a verdade, apesar das dores, olhava pros filhos e netos e sentia que vivia no lucro. *Vai até a cadeira, pega o bordado e começa alguns pontos.* Me lembro dela, na beira da mesa, sentada, fazendo as contas.

LÚCIA

Falando de forma suave. Lúcia! Maria Lúcia! Eu sô Maria. Multiplico alegria e filhos e, sem subtrair de ninguém, divido minha vida com eles tudo! *Ri, continuando o bordado.* Às vezes me pergunto se a vida é costura reta ou bordado livre. Talvez a gente só descubra na hora que olhar do avesso.

ATOR

Maria Rosa, sendo a caçula de três irmãs e com uma saúde mais ou menos frágil, foi a mais cuidada e aconselhada. Era de falar pouco. Fazia mais era concordar com um "Tá certo, certim", ou discordar com um firme "Não é assim que deve ser". Em tarde acalourada, ficava na janela pra sentir o vento refrescando, sem abrir um botão da gola, porque dependendo do caminho que a brisa fazia no colo, gripava e ficava de cama. Na rua, passava um ou outro rapaz, correndo-lhe os olhos na esperança de, um dia, ser aquela brisa. Quando lhe assobiavam, não se deixava corar.

Não queria dar chance pra romance, mas é claro que não ia ser assim pra sempre. Lúcia, a irmã mais velha, foi a primeira a lhe dizer que fosse atrás do amor, mas que tentasse conhecer o rapaz de cabo a rabo antes de firmar compromisso.

LÚCIA
Alguns homens, depois do anel no dedo, eles se transformam.

ATOR
Pensava em si própria quando dizia essas palavras. Mas, Rosinha por aquilo não teria que passar. Cabô que, no casamento, Rosinha deu sorte. Por conselho de Zezé, foi à igreja pedir a alguma santidade por

um marido direito. Os céus lhe concederam essa benção e era assim que tio Mariano contava a história deles dois.

A fala de Mariano a seguir é a transcrição do texto "Cremesse", de Lucas Ventania e Paulo Godoy.

MARIANO

Me lembro como se fosse ontem. Foi num dia de cremesse, dispois de rezá treis prece pra que o santo me ajudasse, Deus quis que nóis se visse, pra que nóis dois se quisesse, pra que nóis dois se gostasse. Rosinha, vancê se lembra da outra veiz que nóis se viu lá na roça de argodão? Vancê tava toda de branco, lá no meio do argodoêro e dentre todas era vancê, meu amô, a mais formosa frô que meus óio avistô. Ah! Como era gostoso te avistá no meio do argodoêro. Tuas mão pequenininha coieno as frôr de argodão. Teu corpo mirradim, agachadim entre as pranta. Meu coração disparava, e por mais que disfarçava, era vancê que ele queria oiá. A primeira veiz que eu criei corage e fui lá na sua casa te conhecê, me lembro como se fosse hoje. Arriei meu alazão e saí de galope, ele até parecia sabê onde eu queria ir. E vancê, como se a gente tinha combinado, tava na varanda com vistidinho estampado, oiano pro entardecê. Quando eu parei na portêra e vancê veio me recebê, engoli seco e entrei, como se já tava escrito que ocê era minha e eu era de vois me cê. E cumeçamo a namorá. Na roça o dia intero, fazia meu serviço ligêro pra tarde logo chegá. À tardinha, corria pro meu cavalo e num istalo ia pra tua casa te encontrá. Trazia minha viola chorosa e cantava a mais bela moda pro cê ni mim se apaixoná. Ah! Como o tempo passô, me lembro como se fosse agora o dia que nóis casô. O terno marrom que teu pai me emprestô, teu vestido branquim, teu oiá mirradim, no artá dizendo sim, só pra mim. Nesse dia, meu coração não cabia no peito de tanta felicidade, e, daquele dia em diante, nunca mais eu passei um só dia sem vancê. De manhãzinha, até o sór se pô, ocê era minha e eu era docê. No dia em que nosso primêro fio nasceu, eu inté chorei de alegria. Nosso fruto veio no mundo lindinho como a mãe, nem sabia te agradecê. Peguei o muleque no colo e levei pra todo mundo vê que agora, além de nóis dois, tinha mais um comigo e cocê. **Nóis tivemo cinco fio, como era bão.** Os menino ficava comigo na roça, as menina ficava com vancê, e à tarde nóis renuía a turma e cantava feliz! Como era bão vivê! Hoje, Rosinha querida, minha vida não tem mais alegria. Faiz um ano que ocê morreu. Os fio tão tudo na cidade. De quando em veiz, mais por caridade, eles vêm vê o véio pai aqui na roça. Minha viola tá inté istragada num canto da sala, jogada, esperando vancê. Se eu pudesse, Rosinha, escoiê outra vida, como eu queria. Eu queria tudo de novo! Morá na Ventania, vê a lua à noitinha e passá a vida inteirinha juntinho com vancê. Me espera, Rosinha, quarqué dia eu toco as moda de novo procê. Nóis passeia de mão dada e, na noite enluarada aqui na roça, no sertão, nóis pruseia como nunca. E, da próxima veiz, nóis vai junto vê a morte. Porque sem ocê aqui num dá certo, não.

ATOR

Enxugando as lágrimas com o lençol. Acabei de tirar esse pano do varal pra não molhar, tô aqui me enxugando com ele. Curioso como protegemos um tecido das gotas de chuva, mas o entregamos tão rapidamente ao úmido das lágrimas. *Olha pro céu chuvoso e pro varal.* Vou deixar um aqui pendurado pra ser lenço de São Pedro. Ele também há de precisar de algum pano pra secar os olhos. *Coloca o lençol transparente de volta no varal. Blackout. Fim.*

Agradecimentos

Estou apenas eu no palco, mas sou formado de tantas gentes. Agradeço, especialmente, às marias que me deram conforto e histórias durante toda a minha vida: Ivone, Selma, Claudete, Rejane, Elisa Helena, Luciana, Luciane, Lenice, Lucilene, Eliane e Marlei. Todas elas, mesmo que não saibam como, me ensinaram maneiras de contar e cantar as histórias e os causos. Elas me ensinaram o amor compartilhado, repartido e o amor roubado. Um pouco de cada uma delas está no todo que eu sou e, certamente, terão seus pedacinhos em tudo que eu escrever.

Ao Lucas Ventania, sou grato pelo "Cremesse" e tantas outras canções que me fazem não ser um indivíduo completamente urbano. Obrigado por me permitir ser voz das suas palavras.

Agradeço ao meu pai, Rubens, pelo "vamos fazer" em vez do "vamos comprar". Agradeço a ele, também, pelo filosofar, que eu muito não quis e hoje transforma meus silêncios em palavra, texto.

Agradeço à minha amada irmã, Caroline, quem melhor entenderá o texto dessa peça, não apenas de forma racional, mas pelo coração e por nossas almas gêmeas.

Por fim, agradeço às madrinhas deste livro, Elaine e Melissa, que me incendiaram desde o momento em que expressei minha saudade do teatro e me encheram de coragem e incentivo.

Alexandre Guidorizzi

Este livro foi composto em Bell MT,
Bahnschrift Condensed e Bahnschrift Light
e impresso em papel pólen 80 g/m²
na São Francisco Gráfica, em março de 2025